京都・宇治　政小山園

おうちでかんたん

ごちそう抹茶ドリンク

山政小山園 著

淡交社

はじめに

抹茶をもっと自由に、楽しく、美味しく。

私は、製茶問屋の息子に生まれ、お茶と共に育ちました。しかし、小さい頃から茶道の英才教育を受けたわけでも、お茶の審査技術を仕込まれたわけでもありません。抹茶を点てて飲むよりも、毎日のように使っていたのは、なぜか家にあったカクテルシェイカー。風呂上がりに、グリーンティー（加糖抹茶）をスプーン大盛入れて牛乳を注ぎ、大人気分でシャカシャカ振って、抹茶ミルクを作るのが楽しみでした。

山政小山園は、江戸初期より京都・宇治の地で茶づくりをはじめ、累代その茶園と伝統技術を受け継ぎ、三百年にわたり抹茶とともに歩んできました。「美味さ、ありき。」を信条に、お茶の味わいを追求してきた歴史です。「抹茶は高級で敷居が高い」「抹茶の点て方（飲み方）は難しそう」、そのような声を聞く度に、抹茶をただの美味しい飲み物として楽しんでいた私は「もったいない！」と感じていました。

抹茶スイーツが世界中で愛されるようになった今、抹茶はチョコレートのように誰もが気軽に楽しめるフレーバーとなった一方、安価で本来の味わいが伴わない製菓専用の抹茶が多く作られるようになりました。ただ、抹茶はお菓子作りによくある「オーブンで焼く」などの加工で、風味や色が飛んでしまうこともある繊細な食材です。できるだけ素材そのものの良さを感じられる、飲み物などのジューシーなメニューのほうが、より抹茶の香りや味わいが活かされます。

この本は、香り豊かでふくよかな旨みがある抹茶本来の風味を、もっと自由に、楽しく、美味しく味わってもらいたいという想いから生まれた、混ぜるだけ、かけるだけが中心のフレッシュな抹茶ドリンクレシピ集です。おうちでたくさんの方に楽しんでもらえるよう、「お菓子作りより簡単、10分で作れる！」ことを心がけました。また、掲載している基本のレシピを組み合わせ、自分だけの抹茶ドリンクが作れる工夫もしています。

ちょっと贅沢に抹茶を使って、抹茶本来の味わいを堪能できる、ジューシーでボリューミーなごちそう抹茶ドリンクをぜひ、楽しんでみてください。

山政小山園　小山雅由

〈もくじ〉

Matcha Drink Recipe

抹茶ドリンクレシピ

Hojicha Drink Recipe

焙じ茶ドリンクレシピ

この本のルール
- 1cc = 1mℓ
- 大さじ1 = 15mℓ
- 小さじ1 = 5mℓ
- 卵はMサイズを使用しています
- 抹茶は山政小山園製「小倉山(おぐらやま)」を使用しています

抹茶の基本

抹茶とは

抹茶は、茶葉そのもの、と言っても良いほどシンプルな存在です。煎茶や玉露と違い、茶葉をお湯で抽出して飲むものではありません。摘んだばかりの茶葉(生芽)を蒸して乾燥させた「てん茶」を石臼で挽き粉末にしたものが抹茶。それにお湯を注ぎ、茶葉をまるごと味わうのです。旨みや香りがより豊かで味わい深く、濃く点てても苦みや渋みを強く感じないものが上級品とされています。

薄茶の点て方
（うすちゃ）

薄茶とは、少なめの抹茶をお湯で攪拌した、さらりとした飲み物です。

① 茶碗と茶筅をお湯で温める。お湯を捨て茶碗の水滴をしっかり拭いた後、抹茶を茶碗へ1.5g程度入れる（P.11参照）。茶こしなどでふるうと、点てやすくなる。

② 温めた茶碗に、沸騰させてから少し冷ましたお湯（80℃程度）を、70mℓ程度ゆっくりと注ぐ。

③ ダマを防ぐため、茶筅の穂先でお湯と抹茶をなじませた後、「m」の字を書くように素早く10秒程度攪拌する。穂先で泡を切るように細かく整えたらできあがり。

濃茶の練り方
（こいちゃ）

濃茶とは、抹茶をたっぷり使い、少量のお湯でとろりと練ったものです。

① 薄茶と同様に、茶碗と茶筅を温め、抹茶を茶碗へ5g程度入れる。

② 沸騰させたお湯を30mℓ程度、茶碗にゆっくりと注ぐ。

③ 茶碗の底に穂先が当たるのを感じながら、しっかりと練る。途中、お湯を10〜20mℓ程度、茶筅に伝わせながら注ぎ、濃さを調整する。とろりとつやが出てきたら、できあがり。

抹茶の取扱いについて

抹茶は、湿度や高い温度で味わいが落ちたり、
匂い移りや、光で退色することがあるため、密封し冷暗所で保管を。

保管〈開封前〉

冷蔵保存することで、長く品質を保つことができます。開封する際は、抹茶が湿気を吸って劣化する恐れがあるので、必ず常温に戻してからにしましょう。

保管〈開封後〉

抹茶は鮮度が大切です。密封できていないと、冷蔵庫の出し入れで吸湿・吸臭し、抹茶を傷めてしまいます。常温保存し、早めに使い切ることをおすすめします。

ダマについて

抹茶は、小麦粉の10分の1程度の細かさと言われ、静電気や自重でダマになります。茶こしなどでふるうと、挽きたてのようになり、ダマを防げます。

ごちそう抹茶ドリンクについて

抹茶は、お湯で点ててそのままいただく「飲み物」として生まれました。最近はケーキやクッキーなどの抹茶菓子が人気ですが、抹茶は焼く・蒸すなどの加工や、時間の経過によって風味が失われやすいデリケートな食材です。

できれば本来の香りや味わいをそのまま楽しんでほしい。そんな想いから、ぱっと作ってすぐ味わえる「飲み物」であることをベースに、抹茶とさまざまな食材との組み合わせで新しい味や食感を提案する「ごちそう抹茶ドリンク」を考案しました。普段はお菓子作りをしない人でも、手軽に抹茶本来の味わいを堪能できます。

「ちょっと贅沢」に抹茶を使う。

抹茶には大きく分けて、濃茶用、薄茶用、食品加工用（製菓用）といった分類があり、山政小山園では、合計17のグレード（銘柄）を用意しています。この本のレシピでは、薄茶「小倉山」の使用をおすすめしています。この抹茶は茶道各流派のお茶会にも使われる銘柄で、抹茶特有の良い香り（覆い香）が楽しめ、旨みも豊かで苦みは控えめです。

慣れてきたら、好みや用途で使い分け

抹茶は上級品ほど香りや旨みが豊かになり、苦みが少なくなります。ごちそう抹茶ドリンクは、抹茶のフレッシュな味わいをそのまま感じられるレシピばかりです。その中でも「抹茶キャラメルコンパナ」（P.44）や「抹茶塩バニラアフォガート」（P.46）など、濃く点てた抹茶を使うメニューには、より上級の「先陣の昔」や「天王山」を使うことで、濃茶の風味を楽しめます。また、少しビターで強い味わいをお好みであれば、お手頃な「松風」「槙の白」などの銘柄もおすすめです。

基本のレシピ

Basic Recipe

この本では、基本のレシピをもとにして、それを組み合わせることでバラエ
ティー豊かなメニューが作れるよう工夫しました。掲載されているメニュー
以外にも、この基本のレシピを活用して、自分だけの「ごちそう抹茶ドリンク」
にチャレンジしてみてください。

〈覚えておきたいこと〉

抹茶の量の目安

ティースプーン
1杯で1g

小さじ1杯（すり
きり）で1.5g

茶杓1すくいで
0.5g

抹茶はふるっておく

抹茶がダマになりにくくなります。

茶筅の扱い方

● 使い始め
新しい茶筅を使い始める時は、器などに入れ軽く水洗いをします。

● 点てる前
茶筅をお湯で温める「茶筅通し」をします。穂先が伸びて柔らかくなることで、点てやすく、折れにくくなります。

● 点てた後
茶筅の糸は乾きにくく、カビの原因となるので濡らさないようにしましょう。使用後は、洗剤は使わず水やぬるま湯で洗ってください。

● 保管
直射日光の当たらない風通しの良い場所でしっかり乾燥させてから収納しましょう。しっかり乾燥させないままケースなどに入れるとカビの原因になります。

茶筅がない時には

ミルクフォーマー

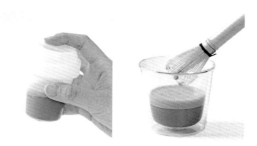

抹茶シェイカー

マグカップでも点てられる長茶筅

グリーンティー

［材料］

抹茶 … 3g

グラニュー糖 … 6g

水 … 150mℓ

［作り方］

① 抹茶とグラニュー糖を混ぜ、分量のうちの少量の水で溶く。

② よく混ぜ、なめらかになったら、残りの水を加え、混ぜ合わせる。

③ 甘みが足りない場合は、グラニュー糖を追加するか、混ざりやすいガムシロップを加える。

抹茶ラテ

［材料］

抹茶 … 3g

グラニュー糖 … 6g

牛乳 … 150mℓ

［作り方］

基本的な作り方はグリーンティーと同じ

① 抹茶とグラニュー糖を混ぜ、ごく少量の水で溶く。
② よく混ぜ、なめらかになったら、牛乳を加えて混ぜ合わせる。

［濃茶ソースを使った抹茶ラテの作り方］

① 濃茶ソースをつくる（P.13参照）。

② 濃茶ソースを牛乳に注いでよく混ぜ合わせる。

濃茶ソース

[材料]

抹茶 … 3g

グラニュー糖 … 6g

水 … 20㎖

[作り方]

① 抹茶とグラニュー糖を混ぜる。

② 分量のうちの少量の水で①を溶く。

③ 残りの水を注いでよく混ぜ合わせる。

お好みの濃さで
グリーンティーも楽しめる

そのままスイーツにかけても美味しい

13

抹茶ゼリー

[材料]

抹茶 … 3g
グラニュー糖 … 6g
ゼラチン … 2.5g

お湯 … 120mℓ

[準備] ゼラチンをお湯 (大さじ2) でふやかしておく

[作り方]

① 抹茶とグラニュー糖を混ぜる。

② ①にお湯120mℓを注ぎ、よく混ぜ合わせる。

③ 準備したゼラチンと②をよく混ぜて型に流し入れ、粗熱がとれたら冷蔵庫で冷やし固める。

抹茶アイスキューブ

[材料]

抹茶 … 3g
グラニュー糖 … 6g
水 … 200mℓ

[作り方]

① 分量のうちの少量の水で抹茶を溶く。

② 残りの水を注いでよく混ぜ合わせる。

③ 冷蔵庫で冷やし固める。

抹茶クリーム

[材料]

抹茶 … 3g
グラニュー糖 … 15g
生クリーム … 150mℓ

[作り方]

生クリームをボウル
に入れ、氷水で冷や
しながら、少しずつ抹
茶とグラニュー糖を
加えて泡立てる。

抹茶チーズフォーム

[材料]

抹茶 … 1g　　　クリームチーズ … 20g
グラニュー糖 … 8g　　生クリーム … 60mℓ

[作り方]

① 抹茶とグラニュー糖
を混ぜ、常温に戻し
たクリームチーズを
加えて、よく混ぜ合
わせる。

② ①に生クリームを少
量加えてのばす。

③ 残りの生クリームを2
〜3回に分けて加え、
とろりとなめらかにな
るまでよく混ぜる。

Matcha Drink Recipe

抹茶ドリンクレシピ

おうちでかんたんに作れて、抹茶のうまさを最大限引き出す。定番メニューから意外な組み合わせまで、25のレシピを紹介します。

朝にぴったり
抹茶とバナナの
ヘルシードリンク

抹茶バナーヌシェイク

[材料]

抹茶 … 2g

バナナ … 1本（正味100g）

牛乳 … 100mℓ

バニラアイス … 100g

コーンフレーク … 適量

[作り方]

1　バナナを薄く切ってグラスに貼る

2　抹茶、残りのバナナ、牛乳、バニラアイスをミキサーまたはハンドブレンダーでなめらかになるまで攪拌する

3　2をグラスに注ぎ、コーンフレークをトッピングする

4　お好みで抹茶（分量外）をふりかける

\ワンポイントAdvice /

●バナナのもったり感を残したい場合は攪拌時間を短く、サラサラの舌触りにしたい場合は攪拌時間を長めに

●バナナにレモン汁を少量つけるとグラスに貼りやすく、変色も防げる

抹茶の香り、
生姜の風味、
はちみつがまとめ役

抹茶 ハニー ジンジャー スカッシュ

[材料]

抹茶 … 2g

水 … 大さじ2

はちみつ … 大さじ1

生姜 … 適量

氷 … 適量

炭酸水 … 150mℓ

[作り方]

1 グラスに抹茶を入れ、少しずつ水を加え
  ながら溶く

2 はちみつ、すりおろした生姜、氷を加え
  る

3 2に炭酸水を静かに注ぎ、千切りにした
  生姜をトッピングする

\ ワンポイント Advice /

●抹茶と混ぜることで炭酸が
　少しマイルドになるので、
　炭酸が苦手な方にもおす
　すめ。炭酸が好きな人は
　強炭酸を

●お好みでライムやゆずと合
　わせても◎

21

心ゆくまで
抹茶をかける
モダンしるこ

抹茶わらび餅しるこ

[材料]

濃茶ソース（P.13）… 20mℓ

牛乳 … 180mℓ

わらび餅（市販品）… 5〜6個

氷 … 適量

ホイップクリーム … 適量

あんこ … 適量

[作り方]

1 グラスにわらび餅、氷を入れ、牛乳を注ぐ

2 濃茶ソースを半分加える

3 ホイップクリーム、あんこをトッピングし、残りの濃茶ソースをかける

\ ワンポイントAdvice /

● グラスのフチに沿って濃茶ソースをかけるときれいなマーブル模様になる

● 甘みが足りない場合はガムシロップを入れるのがおすすめ

23

エキゾチックな香りと
和の風味を楽しむ
スパイシー抹チャイ

抹茶シナモンチャイ

[材料]

抹茶 … 3g

グラニュー糖 … 6g

牛乳 … 150㎖

シナモンパウダー … 適量

シナモンスティック … 適量

[作り方]

1 グラスに抹茶、グラニュー糖を入れ、混ぜておく

2 牛乳を温め、ミルクフォーマー（P.88参照）で泡立てる

3 2を1に少しずつ加えながらよく混ぜ合わせ、最後に泡をふんわりのせる

4 シナモンパウダーをふりかけ、シナモンスティックを添える

\ ワンポイント Advice /

●カルダモンパウダーやクローブパウダーなど、お好みのスパイスを使ってアレンジも◎

●甘みが足りない場合ははちみつを入れるのがおすすめ

ヨーグルトと
ザクザク食べる
抹茶の贅沢

抹茶グラノーラヨーグルトラテ

[材料]

抹茶ラテ（P.12）… 100mℓ
グラノーラ … 適量
冷凍ブルーベリー … 適量
ヨーグルト … 50g

[作り方]

1　グラスへグラノーラ、冷凍ブルーベ
　　リー、ヨーグルトの順に入れる

2　抹茶ラテを注ぐ

＼ ワンポイント Advice ／
抹茶ラテはグラスに沿うよ
うに注ぐと、層がきれいに
分かれる

柑橘の酸味と
上品な甘み
大人のフロート

28

抹茶オレンジフロート

[材料]

グリーンティー（P.12）… 150ml

マーマレードジャム … 大さじ2〜3

氷 … 適量

バニラアイス … 適量

ドライオレンジ … お好みで

[作り方]

1 グラスにマーマレードジャム、氷を入れる

2 グリーンティーを注ぐ

3 バニラアイスをトッピングし、お好みでドライオレンジを添える

\ ワンポイントAdvice /

グリーンティーはグラスに沿うように注ぐと、層がきれいに分かれる

みんな大好き
おやつにぴったり
濃厚シェイク

抹茶クッキークリームシェイク

[材料]

濃茶ソース（P.13）… 20㎖
牛乳 … 100㎖
バニラアイス … 150g
ココアクッキー（市販品）… 2枚

[作り方]

1　濃茶ソース以外のすべての材料をミキ
　　サーまたはハンドブレンダーでなめらか
　　になるまで撹拌する

2　グラスに濃茶ソースを注ぎ、1を加える

3　お好みでココアクッキー（分量外）を
　　トッピングする

\ ワンポイントAdvice /

もったりした食感を残したい
場合は撹拌時間を短く、サラ
サラの舌触りにしたい場合は
撹拌時間を長めにする

抹茶とホワイトチョコ
王道の組み合わせに
アーモンドがアクセント

抹茶アーモンドショコラショー

[材料]

濃茶ソース（P.13）… 20mℓ

ホワイトチョコ … 20g
　（板チョコ約1/3）

牛乳 … 150mℓ

生クリーム … 適量

アーモンド … 適量

[作り方]

1　アーモンドはあらかじめ砕いておく

2　ホワイトチョコを湯せんで溶かし、温めた牛乳を少しずつ加えながら、よく混ぜ合わせる

3　濃茶ソースをグラスに入れ、2を少しずつ加えながら、よく混ぜ合わせる

4　生クリーム、アーモンド、刻んだホワイトチョコ（分量外）をトッピングする

\ ワンポイントAdvice /

●ホワイトチョコと牛乳は耐熱容器に入れてレンジで溶かしてもOK

●濃茶ソースを追いがけしても◎

ふんわり口どけ
マスカルポーネの
優美なひととき

抹茶ティラミスラテ

[材料]

濃茶ソース（P.13）… 20mℓ

生クリーム … 20mℓ

マスカルポーネ … 50g

グラニュー糖 … 5g

牛乳 … 180mℓ

氷 … 適量

ホイップクリーム … 適量

抹茶 … 適量

[作り方]

1　生クリーム、マスカルポーネ、グラ
　　ニュー糖をよく混ぜ合わせ、グラスに入
　　れる

2　グラスの側面に濃茶ソースをスプーン
　　でたらすように塗り、氷を入れ、牛乳を
　　注ぐ

3　ホイップクリームをトッピングし、抹茶
　　をふりかける

\ ワンポイント Advice /

マスカルポーネは酸味の少
ないものがおすすめ

定番のタピオカも
おいしい抹茶で
ここまで変わる

抹茶黒蜜タピオカミルクティー

[材料]

抹茶ラテ（P.12） … 150mℓ

黒蜜 … 大さじ2

ブラックタピオカ（冷凍） … 30g

氷 … 適量

バニラアイス … 適量

[作り方]

1 グラスの側面に黒蜜をスプーンでたらすように塗り、ブラックタピオカ、氷の順に入れる

2 抹茶ラテを注ぐ

3 バニラアイスをトッピングし、お好みで黒蜜（分量外）をかける

\ ワンポイントAdvice /

● 黒蜜の代わりにキャラメルソースやメープルシロップを使っても◎

● 甘みが足りない場合はガムシロップを入れるのがおすすめ

杏仁豆腐の
ぷるぷる食感
抹茶ミルクをかけて

38

抹茶杏仁ミルク

[材料]

抹茶ラテ（P.12）… 100mℓ
杏仁豆腐（市販品）… 50g
クコの実 … お好みで

[作り方]

1　グラスに杏仁豆腐を入れ、お好みでクコの実をのせる

2　抹茶ラテを注ぐ

\ ワンポイント Advice /

杏仁豆腐は、抹茶ラテがよく絡む、濃厚でとろとろ食感のものがおすすめ

チーズのコクと
濃いグリーンティーの
美味しいデュエット

抹茶チーズティーフロート

[材料]

グリーンティー（P.12）… 150mℓ

クリームチーズ … 20g

グラニュー糖 … 8g

生クリーム … 60mℓ

氷 … 適量

マシュマロ … お好みで

[作り方]

1 常温に戻したクリームチーズにグラ
   ニュー糖を加えてしっかり混ぜ、生ク
   リームを少しずつ加えながら、なめらか
   になるまでよく混ぜ合わせる

2 グラスに氷を入れ、グリーンティーを注
   ぎ、1を入れる

3 お好みでマシュマロをのせる

\ ワンポイント Advice /

● クリームチーズは酸味が少
  ないものがおすすめ

● チーズフォームはやわらか
  めだときれいにトッピングで
  きる

● マシュマロに抹茶をまぶし
  ても◎

豆、まめ、マメ。
素朴な甘みと
抹茶の香り

抹茶黒豆豆乳きなこラテ

[材料]

抹茶 … 3g

牛乳 … 100㎖

豆乳 … 100㎖

きなこ … 大さじ1

ガムシロップ … 大さじ2

塩 … ひとつまみ

あんこ … 適量

氷 … 適量

バニラアイス … 適量

黒豆 … 適量

[作り方]

1　抹茶に牛乳を少しずつ加えて混ぜ合わせる

2　豆乳にきなこ、ガムシロップ、塩を加えて混ぜ合わせる

3　グラスにあんこ、氷を入れ、1、2を順に注ぐ

4　バニラアイス、黒豆をトッピングする

\ ワンポイント Advice /

豆乳はグラスに沿うように注ぐと、層がきれいに分かれる

濃茶を気軽に

生クリームのせ

コンパナで

抹茶版エスプレッソ

抹茶キャラメルコンパナ

[材料]

抹茶 … 4g

お湯 … 60mℓ

生クリーム … 適量

キャラメルソース（市販品）… 適量

[作り方]

1 グラスに抹茶を入れ、少量のお湯で溶いてから、残りのお湯を加えてよく混ぜる

2 生クリームをトッピングし、上からキャラメルソースをかける

＼ ワンポイント Advice ／

グラスの底にキャラメルソースを入れておいても◎

抹茶の旨みを
引きたてる
塩が決め手

46

抹茶塩バニラアフォガート

[材料]

濃茶ソース（P.13）… 20〜30mℓ
バニラアイス … 100g
塩 … 少々
ナッツ … 適量

[作り方]

1　ナッツはあらかじめ砕いておく

2　グラスにバニラアイスを盛り付け、塩を
　　ふる

3　ナッツをトッピングする

4　濃茶ソースをかける

\ ワンポイントAdvice /

●バニラアイスは抹茶と塩の
　風味を生かすさっぱりしたも
　のがおすすめ
●塩が味の決め手、かけ忘れ
　ないで！

昔懐かしミルクセーキ
わたあめから降る
抹茶の雫

48

抹茶 コットンキャンディーミルクセーキ

[材料]

抹茶…3g

卵…1個

牛乳…150mℓ

グラニュー糖…小さじ2

氷…適量

わたあめ…好きなだけ

[作り方]

1　ボウルに卵と牛乳100mℓを入れてよく混ぜ、茶こしなどで濾す

2　別のボウルに抹茶とグラニュー糖を入れ、牛乳50mℓを少しずつ加えながら、よく混ぜ合わせる

3　グラスに氷を入れ、1、2の順に注ぐ

4　わたあめをのせる

\ ワンポイントAdvice /

●2はグラスに沿うように注ぐと、うまくマーブル模様になる

●マーブル模様にしない場合は工程を分けずに、氷とわたあめ以外をすべて混ぜてしまってもOK

シャリシャリ食感
グリーンとピンクの
おいしいコントラスト

抹茶 ベリーフローズン

[材料]

抹茶アイスキューブ（P.14）
　　…5〜6個
ヨーグルト … 100g
牛乳 … 50mℓ
はちみつ … 大さじ1
冷凍ミックスベリー … 大さじ2〜3

[作り方]

1　ヨーグルト、牛乳、はちみつ、冷凍ミックスベリー（トッピングのために少し残しておく）をミキサーまたはハンドブレンダーで混ぜる

2　抹茶アイスキューブをミキサーまたはハンドブレンダーで砕く

3　グラスに1、2の順に入れ、残りの冷凍ミックスベリーをトッピングする

\ ワンポイント Advice /

ベリー以外でも、バナナやレモンなどいろいろなフルーツでおいしく作れる

レモンで爽やか
ちゅるしゅわ
炭酸ドリンク

抹茶ゼリーサイダー

[材料]

抹茶ゼリー（P.14）… 適量

レモン … 適量

氷 … 適量

炭酸水 … 150mℓ

ガムシロップ … お好みで

[作り方]

1　レモンを1枚薄く切ってグラスに貼る

2　グラスに抹茶ゼリー、氷を入れる

3　炭酸水を注ぐ

4　お好みでガムシロップを加える

Matcha Jelly Cider

\ ワンポイントAdvice /

●レモンは少し透けるくらいの
　薄さに切るとグラスに貼りや
　すい

●炭酸水の代わりに辛口ジン
　ジャーエールで大人の味に

ジャスミンの華やかさ
マンゴーの甘みが
抹茶にマッチ

抹茶マンゴージャスミンティー

[材料]

抹茶アイスキューブ（P.14）
　　…4〜5個
ジャスミンティーバッグ
　　…1〜2個
お湯（ジャスミンティー用）… 150mℓ
冷凍マンゴー … 4〜5個
ガムシロップ … お好みで

[作り方]

1　ジャスミンティーを少し濃いめに作る

2　グラスに冷凍マンゴー、抹茶アイスキューブを入れる

3　グラスに1を注ぐ

4　お好みでガムシロップを加える

\ ワンポイントAdvice /

● ジャスミンティーをグラスに沿うように注ぐと、抹茶アイスキューブとのコントラストがよく出る

● 冷凍マンゴーの代わりにドライマンゴーを水で戻してもOK

● 冷凍マンゴーはミキサーにかけても◎

口の中で完成する
抹茶とココナッツの
マリアージュ

抹茶ココナッツグラニータ

[材料]

抹茶アイスキューブ（P.14）
　　…4〜5個

ココナッツミルク … 50mℓ

牛乳 … 100mℓ

ガムシロップ … 大さじ3

ココナッツの実（市販品）… 適量

[作り方]

1　ココナッツミルク、牛乳、ガムシロップを
　　よく混ぜ、製氷皿等に入れて凍らせる

2　1をミキサーまたはハンドブレンダーで
　　砕く

3　抹茶アイスキューブをミキサーまたはハ
　　ンドブレンダーで砕く

4　グラスに2、3の順に入れる

5　ココナッツの実をトッピングする

\ ワンポイントAdvice /

● 1のココナッツ氷は硬いので、
　ミキサー等で少量ずつ砕く

● 甘みが足りない場合は、ガムシ
　ロップを入れる

炭酸水を注いで
抹茶氷のジュレップ風
溶かしながら何度でも

抹茶ジュレップソーダ

［材料］

抹茶アイスキューブ（P.14）
…5〜6個
炭酸水 … 100〜120㎖
レモン汁 … 適量
ガムシロップ … 適量
レモン（かざり用）… 1/6個

［作り方］

1　抹茶アイスキューブをグラスに入れる

2　炭酸水を注ぐ

3　レモン汁、ガムシロップを加え、くし切り
　　にしたレモンを添える

\ ワンポイントAdvice /

炭酸水をグラスに沿うよう
に注ぐと、ソーダと抹茶ア
イスキューブのコントラスト
がよく出る

まぜて味わう
ベトナム風ぜんざいを
抹茶でアレンジ

抹茶芋栗南京チェー

[材料]

抹茶アイスキューブ（P.14）
　　…3〜4個
さつまいも、むき栗、かぼちゃ
　　…適量
ガムシロップ … 大さじ2
ココナッツミルク … 50ml
牛乳 … 20ml

[作り方]

1　さつまいも、むき栗、かぼちゃを食べやすい大きさに切る。さつまいもとかぼちゃは、電子レンジ（500W）で約4分加熱する

2　グラスに1を入れて、ガムシロップを加え、軽く混ぜ合わせる

3　抹茶アイスキューブを入れ、ココナッツミルクと牛乳を順に注ぐ

\ ワンポイントAdvice /

●抹茶アイスキューブはミキサー等で砕いてから入れるとザクザク食べられる
●芋栗南京の代わりに旬の食材を使ってアレンジも◎

白玉のもちもちと
黒ごまソースの
和ドリンク

抹茶白玉グリーンティー

[材料]

グリーンティー（P.12）… 150mℓ

黒ごまソース（市販品）
　　… 大さじ2〜3

ガムシロップ … 大さじ1

氷 … 適量

白玉（市販品）… 2〜5個

黒ごま … 適量

[作り方]

1　黒ごまソースとガムシロップをよく混ぜ合わせ、グラスの側面にスプーンでたらすように塗る

2　氷を入れ、グリーンティーを注ぐ

3　白玉をのせ、黒ごまをふりかける

\ ワンポイント Advice /

グリーンティーの代わりに抹茶ラテを使って濃厚な味わいにするのもおすすめ

イチゴとミルク氷
抹茶とチーズで
おいしくかわいく

抹茶苺雪花氷

<ruby>雪<rt>シェ</rt></ruby><ruby>花<rt>フアー</rt></ruby><ruby>氷<rt>ビン</rt></ruby>

［材料］

抹茶チーズフォーム（P.15）… 適量

牛乳 … 250㎖

練乳 … 大さじ2

冷凍イチゴ … 適量

氷 … 適量

［作り方］

1 牛乳200㎖と練乳をよく混ぜ、製氷皿等に入れて凍らせる

2 冷凍イチゴを細かく刻む（トッピング用に少し残しておく）

3 1をかき氷機等で削り、2を混ぜる

4 グラスに氷と牛乳50㎖を注ぎ、その上に抹茶チーズフォームをのせる

5 残しておいた冷凍イチゴをトッピングする

\ ワンポイントAdvice /

● 牛乳と練乳は少し温めるとよく混ざる

● 練乳の代わりにはちみつや砂糖を入れてもOK

● 牛乳にココナッツミルクを入れて凍らせても◎

カクテル風に嗜む
甘くきらめく
夜の抹茶ラテ

抹茶練乳シェケラート

［材料］

抹茶…2g
ガムシロップ…適量
グラニュー糖…適量
牛乳…80㎖
練乳…大さじ1
氷…2〜3個

［作り方］

1 ガムシロップ、グラニュー糖をそれぞれ平皿に出し、グラスを逆さにしてフチに順に付ける

2 抹茶、牛乳50㎖、練乳に氷を加え、しっかり冷えるまで混ぜ、グラスに注ぐ

3 温めた牛乳30㎖をミルクフォーマー（P.88参照）で泡立て、ふんわりのせる

4 お好みで抹茶（分量外）をふりかける

\ ワンポイントAdvice /

● 2でシェイカーを使うとバーテンダー気分が楽しめる
● ラムやジン、ウォッカなどを少し足すと、かんたんカクテルのできあがり

ショットグラスで、抹茶タイム。

まとめて点てて、注ぐだけ。

抹茶は、抹茶茶碗で一服ずつ点てる。それにこだわらず、家族や友人とのおうち時間や
ティータイムに楽しめるのが、手軽な「ショットグラスで抹茶」スタイルです。朝の一杯、ウェ
ルカムドリンクなどにも最適。片口（注ぎ口付）の器で、作法を気にせず家族や友人と気軽
に抹茶を味わえます。薄茶ですっきりもよし、少し濃いめに点てても飲みやすいのがショッ
トグラスの良いところ。ご自分だけの楽しみ方や味わいを見つけてくださいね。

[道具]
・抹茶（小倉山）
・茶筅
・片口の器やボウル
（※少し大きめの軽量カップ
でも代用可）

・ショットグラス
・茶こし（ふるい）
・茶杓（スプーン）

memo
茶筅は穂数が多くなるほど価格が上がりますが、手に
取りやすい価格のもので大丈夫です。樹脂製で取扱い
が簡単なものもあります。

はじめに器と茶筅を温める

片口の器に湯を注ぎ、茶筅の穂先を入れます。器が
温まり、穂先が柔らかくなったら、湯を捨て、器を拭
いてしっかりと水気をとります（水滴が残ると、抹茶
が濡れて固まります）。

抹茶をふるって入れ、湯を注ぐ

人数分の抹茶とお湯を用意します（1人分は抹茶1g
程度、お湯30ml程度）。抹茶は茶こしなどでふるい
ながら器に入れ、沸騰させてから少し冷ましたお湯
を注ぎます。

点てて、グラスに注ぎ分ける

ダマを防ぐため、茶筅の穂先で湯と抹茶をなじませ
ます。その後「m」の字を書くように素早く10秒程
度しっかり攪拌しながら泡立てます。穂先で泡を切
るように細かく整えたらできあがりです。あとは、均
等にグラスに注ぎ分けましょう。

┌ **ひと工夫** ─
ショットグラスのふちをガムシロップにひたし、グ
ラニュー糖をつけると、カクテルのような可愛い見
た目と、ほのかな甘みでより美味しく楽しめます。

焙じ茶ドリンクレシピ

抹茶だけじゃありません。焙じ茶パウダー（P.93）を使えば、おうちであっという間にお店の味に。絶対においしい5つのレシピを紹介します。

ローストフレーバーと
シナモンが織りなす
最高のコンビネーション

焙じ茶シナモンラテ

[材料]

焙じ茶パウダー … 8g

グラニュー糖 … 小さじ2

牛乳 … 180mℓ

シナモンパウダー … 適量

シナモンスティック … 適量

[作り方]

1　グラスに焙じ茶パウダーとグラニュー糖を入れ、混ぜておく

2　牛乳を温め、ミルクフォーマー（P.88参照）で泡立てる

3　2を1に少しずつ加えながらよく混ぜ合わせ、最後に泡をふんわりのせる

4　シナモンパウダーをふりかけ、シナモンスティックを添える

Hojicha Cinnamon Latte

\ ワンポイントAdvice /

●カルダモンパウダーやクローブパウダーなど、お好みのスパイスを使ってアレンジも◎

●甘みが足りない場合ははちみつを入れるのがおすすめ

焙じ茶のコクと
ホワイトチョコの
やさしいハーモニー

焙じ茶ホットチョコ

[材料]

焙じ茶パウダー … 8g

ホワイトチョコ … 15〜20g
　（板チョコ約1/3）

牛乳 … 200mℓ

マシュマロ … 好きなだけ

[作り方]

1　ホワイトチョコを湯せんで溶かし、温めた牛乳を少しずつ加えながら、よく混ぜ合わせる

2　グラスに焙じ茶パウダーを入れ、1を少しずつ加えながら、よく混ぜ合わせる

3　マシュマロ、刻んだホワイトチョコ（分量外）をトッピングする

\ ワンポイントAdvice /

●ホワイトチョコと牛乳は耐熱容器に入れてレンジで溶かしてもOK

●マシュマロをコンロで少し炙るのも◎

焙じ茶とバニラ
栗とキャラメルの
まろやかカルテット

焙じ茶キャラメルマロンシェイク

[材料]

焙じ茶パウダー … 8g

グラニュー糖 … 小さじ2

牛乳 … 180㎖

氷 … 適量

バニラアイス … 適量

むき栗 … 適量

キャラメルソース … 適量

[作り方]

1 グラスに焙じ茶パウダーとグラニュー糖を入れ、牛乳を少しずつ加えながら、よく混ぜ合わせる

2 1に氷を入れる

3 バニラアイス、むき栗をトッピングし、上からキャラメルソースをかける

\ ワンポイント Advice /

すべての材料をミキサーで混ぜ、かんたんシェイクにしてもOK

冬の新定番
焙じ茶とチーズの
くせになる味わい

焙じ茶チーズティー

[材料]

焙じ茶パウダー … 8g

クリームチーズ … 20g

グラニュー糖（1に使用） … 小さじ2

グラニュー糖（2に使用） … 小さじ2

生クリーム … 60mℓ

牛乳 … 200mℓ

バナナチップ（市販品） … お好みで

[作り方]

1　常温に戻したクリームチーズにグラニュー糖を加えてしっかり混ぜ、生クリームを少しずつ加えながら、なめらかになるまでよく混ぜ合わせる

2　グラスに焙じ茶パウダーとグラニュー糖を入れ、牛乳を少しずつ加えながら、よく混ぜ合わせる

3　グラスに1を注ぎ、2をのせる

4　お好みでバナナチップをトッピングする

\ ワンポイントAdvice /

●クリームチーズは酸味が少ないものがおすすめ

●チーズフォームをバナナチップでディップしてもおいしい

焙じ茶と黒ごまの
ほろ苦コンビ
バナナを添えて

焙じ茶黒ごまバナナ

[材料]

焙じ茶パウダー … 8g

バナナ … 1本（正味100g）

黒ごまソース … 大さじ2〜3

ガムシロップ … 大さじ1

牛乳 … 150㎖

グラニュー糖 … 小さじ1

黒ごま … 適量

[作り方]

1　バナナを薄く切ってグラスに貼る

2　ボウルに黒ごまソースとガムシロップを入れてよく混ぜ合わせ、グラスの側面にスプーンでたらすように塗る

3　焙じ茶パウダー、残りのバナナ、牛乳、グラニュー糖をミキサーまたはハンドブレンダーでなめらかになるまで攪拌する

4　グラスに3を注ぎ、黒ごまをトッピングする

\ ワンポイントAdvice /

バナナにレモン汁を少量つけるとグラスに貼りやすく、変色も防げる

おうちで、お茶を焙じる。

香ばしい薫りが懐かしい、自家製焙じ茶。

焙じ茶は、煎茶や番茶、茎茶などの緑茶を焙じた(焙煎した)お茶です。焙じることによって緑茶の渋みが和らぎ、香ばしい薫りとさっぱりした味わいに。食事はもちろん、甘いものにもよく合います。おうちで簡単にできる自家製焙じ茶は、茶葉の種類や焙煎時間によって、自分好みの味わいが楽しめます。

［焙じる道具］　さっと煎るだけなので、家庭にあるフライパンで十分。茶葉を持ち手部分から出せる焙じ器があれば、お茶を淹れるまでスムーズです。ごまやナッツなどを焙じる際にも使えます。

常滑焼（とこなめ）
上部の開きが大きく焙じ具合が確認しやすい。持ち手の穴も大きく茶葉を出しやすい。

伊賀焼（いが）
見た目が愛らしく、小ぶりで扱いやすい。その分持ち手の穴が小さく、茶葉の出はゆっくり。

フライパン
軽くて振りやすい小さめがおすすめ。高温での乾煎り（からいり）に弱いテフロン加工は避ける。温度調整は濡れ布巾で。

［茶葉］　焙じる茶葉によって味わいはさまざまです。また、古くなったり、しけったりした茶葉を焙じて、最後まで美味しく飲み切るのも、昔ながらの工夫です。

番茶（川柳）
新芽より下の成長して固くなった葉を用いたお茶。カフェインが少なめで身体にやさしい。

茎茶（雁ヶ音）
緑茶の茎部分を集めたお茶。焦げにくいので、初めてでも安心。

煎茶
覆いのない茶園で摘んだ新芽を揉みながら乾燥させたお茶。浅めに焙じるのがおすすめ。

温度や時間など、焙じ具合によって味わいが変わる自家製焙じ茶。使う茶葉はもちろん、ミルクと合わせる、砂糖を入れるなど、飲み方に応じて焙じ分ける面白さがあります。

焙じる前
茶葉本来の緑色。焦げやすい細かな粉は取り除いておくとよい。

浅め（若焙じ）
飴色に色づくも緑色が残った段階。爽やかな香りと焙煎の香ばしさの両方を味わえる。

頃合い
全体が程よく茶色になったら頃合い。味、香り共に軽やかで、しっかりと香ばしく焙じ茶らしい味わい。

深め
こげ茶に近い濃い色味でスモーキー。黒くならないよう注意。存在感のある強い味わいなので、ミルクや砂糖と合わせるもよし。

焙じ茶でミルクティー

この本では、焙じ茶パウダーを使ったレシピを紹介していますが、茶葉からでも美味しく焙じ茶ミルクティーが作れます。おうちで焙じる場合、茶葉は深めに焙じてたっぷりと使いましょう。チャイのようにミルクで濃く煮出すのがおすすめです。

[材料（1人分）]
焙じ茶 … 大さじ3、牛乳 … 200㎖、砂糖 … 小さじ1
[作り方]
1　鍋に牛乳、焙じ茶を入れて弱火で煮出す。
2　ふつふつしてきたら火を止め、茶こしを使ってカップに注ぐ。
3　砂糖を入れて、できあがり。

焙じ器を温める

コンロで、空の焙じ器を温めます。強火で1分程度、手をかざして熱く感じるくらいが目安です。

茶葉を入れ、焙じる

茶葉を大さじ3杯程度、焙じ器に入れます。弱火にして火から離して持ち上げ、焙じ器を振りながら茶葉を動かします。中の茶葉が回るように振るのがコツです。

全体が均一に褐色になればできあがり

だんだん煙が出始めます。焦げないように注意しながら、全体が均一に褐色になるまで焙じます。

熱湯を注いで、焙じたてを楽しむ

焙じ器は、持ち手から急須にそのまま茶葉を入れることができます。焙じ茶は熱湯を使い、30〜40秒という短時間で抽出するのがポイントです。そうすることで、香ばしく、エグみがないさっぱりとした味わいになります。

この本で使った道具

茶筅

竹製の茶道具。抹茶を点てるには右に出るものなし。手入れが楽な樹脂製も。泡立て器で代用も可。

茶碗

お椀やボウルでも代用可。注ぎ口付きの大きな器もおすすめ（P.68「コラム01」参照）。口が広く、深すぎないものが使いやすい。

茶こし

抹茶はそのまま点てたり、混ぜたりするとダマになりやすい。茶こしでふるうひと手間でダマにならず、とろりとなめらかな舌触りに。

軽量スプーン

大さじは15㎖、小さじは5㎖。抹茶を量る場合の目安は、すりきりで大さじ1杯5ｇ程度、小さじは1.5ｇ程度。

軽量カップ

この本では、500㎖容量のものを使用。計量だけでなく抹茶と水や牛乳を混ぜる、そのまま注ぐなど活用の幅が広い。

ボウル

混ぜるだけのレシピがほとんどなので、1つで十分。大きめの器でも代用可。耐熱ガラス製は厚手で重いので安定し、混ぜやすい。

電子はかり

抹茶の分量を正確に量るため使用。入れ物をのせてから表示をゼロに設定できるものがおすすめ。

泡立て器

主にグリーンティーや濃茶ソースを作る際に使用。茶筅の代わりにも。シリコン製はボウルを傷つけず、スプーンサイズもあるので便利。

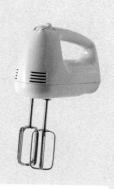

ハンドミキサー

生クリームを泡立てる際に使用。2人分以上や、たくさん作りたい場合に重宝する。

ミキサー

材料をまとめて入れて、混ぜるだけのレシピに大活躍。抹茶アイスキューブをシャーベット状に砕く際にも使える。

ハンドブレンダー

アタッチメントを変えることで、潰して混ぜるチョッパーにも、泡立て器にもなる優れもの。

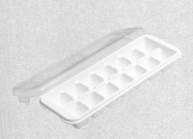

製氷皿

抹茶アイスキューブなどを作る際に使用。シリコン製は氷をひとつずつ取り出しやすい。

ゴムべら

クリームチーズなどを混ぜる際に使用。

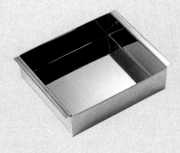

ゼリー型

抹茶ゼリーをつくる際に使用。バットやタッパーでも代用できる。

ミルクフォーマー

ミルクを泡立てる（ミルクフォームを作る）ための必需品。電池式のスクリュータイプは、お手頃で使いやすい。

アイスクリームディッシャー

アイスをのせるフロートタイプのドリンクに使用。使いやすく、かんたんにきれいな形に盛り付けられる。

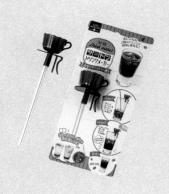

ツートンメーカー

比重の違いを利用して2色の層をつくるための便利グッズ。100円ショップなどで購入できる。

グラスについて

この本では、抹茶の美しいグリーンが楽しめる、透明グラスの使用をおすすめしています。器が違うだけでも、全く違った印象に。お気に入りのグラスで、自分だけのごちそうドリンクを楽しんで。

エスプレッソカップ

容量が少なく、分厚めで冷めにくい。ホットで、濃い抹茶を味わうようなレシピに最適。

コーヒーカップ

一般的なサイズ。抹茶は高温では淹れられないので、ティーカップより冷めにくいコーヒーカップがおすすめ。

カプチーノカップ

ラテは泡を入れるため180ml程度の容量が多いカップを。ラテアート用の広口のものは使い勝手がよい。

ロックグラス

分厚く丈夫で口が広いため、スプーンを使うボリューミーなレシピにぴったり。

タンブラー

カクテルからソフトドリンクまで幅広く使えて、容量や種類も豊富。保冷・保温効果があるものも。

トールグラス

高さがあるため、ストローで飲むレシピに向く。高さを利用して層を分けるような演出もできる。

デザートグラス

トッピングを楽しむボリュームレシピに。背が高く容量があるものが使い勝手がよい。

ワイングラス

脚付きでいつもと違ったエレガントなドリンクに。容量も多いので、たっぷり楽しめる。

カクテルグラス

容量が少ないラッパ状のカクテルグラスは、個性的なテイストのコールドドリンクレシピ向き。

宇治 政 小山園

「美味さ、ありき。」

山政小山園のこと
（やままさ こやまえん）

茶園から臼挽きまで。製造卸のお茶屋さん
（うすび）

　皆さんが耳にする「お茶屋さん」には、実はいろいろな種類があります。喫茶を楽しむお店、お茶を売るお店、そして我々のようなお茶をつくる製茶問屋です。

　その中でも山政小山園は、江戸初期より京都・宇治の地で茶園を持ち、茶の栽培から抹茶の製造まで一貫して行う、数少ない製造卸の「お茶屋さん」です。

　現在、当社が製造した抹茶や緑茶は、茶小売店や茶道具店をはじめ、土産物店、ホテルやレストラン、製菓材料店などで販売いただいています。我々は茶づくりに専念することで、最良の品質を適正な価格でお届けしています。

抹茶ができるまで

1. 新芽が芽吹いてから3〜4週間ほど十分に覆いをかけ、新芽だけを丁寧に摘んでいく。手摘みの茶葉は味も良く、高級品。

2. 摘んだ新芽をできるだけ新鮮なうちに蒸し、酸化酵素の作用を止める。蒸さずに酸化させると紅茶や烏龍茶に。

3. 蒸した葉は揉まずにレンガ製の炉で乾かす。揉みながら乾燥させると玉露に。乾燥させた茶葉は、てん茶（抹茶の原料葉）の荒茶という。

4. てん茶は拝見場と呼ばれる審査室で審査をする。等級をつけた後、それぞれの持ち味を生かして、ブレンド（合組）する。

美味い抹茶を、適正な価格で届ける。

　茶農家からはじまった我々は、技術を受け継ぎ高めながら、抹茶と共に歩んでいます。それは、抹茶の「美味さ」を追求してきた歴史です。

　ごく一部の人々のために、高価な抹茶だけを扱うのではなく、また需要に流され、安価な抹茶を大量生産することでもない。抹茶に魅せられ、抹茶を飲みたいという方のために「美味さ、ありき」を貫き、美味い抹茶を作り続けながら、適正な価格でお届けすることが、我々の使命であると考えています。

山政小山園の歴史

江戸初期〜
宇治・小倉（おぐら）の地で茶の栽培・製造に従事。累代その茶生産技術を受け継ぐ。

江戸文久〜明治
1861年（文久元年）に初代小山政次郎が茶の販売を開始。茶園の経営から茶の製造販売までを行う。二代小山政次郎が卸売業を開始、全国に販路を広げる。

大正〜昭和中期
合名会社山政小山政次郎商店を設立。業界で初めて茶専用冷蔵庫及び空調設備を備えた抹茶工場を建設。日本で最初の缶詰入り抹茶、「10匁缶詰」を発売、缶詰茶普及の基となる。

三代小山政次郎と宇治の生産農家平野甚之丞（じんのじょう）氏が協力して「アサヒ」「サミドリ」「コマカゲ」等の玉露・てん茶用優良品種の育成・選抜に成功。京都府の奨励品種となる。

昭和後期〜
株式会社に改組する。てん茶工場及び第二抹茶工場を建設、精選工場を改築し、生産力を増強。抹茶販売量の増加に対応する。第三・四抹茶工場を建設し、さらに生産力を増強。株式会社山政小山園に社名変更。茶道各流派に茶銘を賜るなど、特に高級抹茶を強みとし、緑茶全般の製造・加工・卸売業を続けている。

山政小山園の商品

抹茶（茶道用・飲用）

茶道各流派の御家元より茶銘も頂戴している高級抹茶です。山政小山園は茶の栽培から製造まで一貫して行っています。

食品加工用抹茶（業務用・製菓用）

着色料や添加物を一切使用しない高品質な食品加工用抹茶です。抹茶本来の「香り」「美味さ」を大切にしています。

焙じ茶パウダー（焦がし／Rich）

製菓用の高級焙じ茶パウダーです。力強い香りとコクの「焦がし」と、まろやか香りと旨みの「Rich」、2種類のテイストがあります。

緑茶全般

玉露、かぶせ茶、煎茶、川柳、茎茶、玄米茶、焙じ茶、抹茶入り煎茶など。

抹茶菓子

山政小山園の挽きたての抹茶を贅沢に使用した、本物志向の抹茶菓子です。

グリーンティー（加糖抹茶）

抹茶のふくよかな香りと深い味わいを大切にした、昔ながらの抹茶飲料です。

道具類

茶筅や茶杓、抹茶ふるいなど。

ギフト

様々なギフトパッケージや、抹茶のスターターセットなど。

山政小山園公式ホームページで紹介している全国の当社茶取扱店（ネットショップ含む）または、当社本社工場（京都・宇治）の店頭にてお買い求めいただけます。詳しくはお問い合わせください。

株式会社山政小山園
0774-24-1122（代表）
9〜17時（月〜金）

おわりに

栄西禅師が「養生の仙薬」として伝えた抹茶は、その周囲のあらゆる分野に多くの影響を与え、単なる飲み物とは言えないさまざまな魅力が育まれました。文化、工芸、美術、健康、美容……。そして、いまや世界中の人々を魅了しています。

その大きな懐の中で、美味しい抹茶をつくることが我々製茶問屋の仕事です。歴史や格式、作法や洗練された道具は、抹茶の持つ素晴らしい仲間ですが、一旦それは、置いておいて。抹茶の美味しさを「ごちそう」として存分に堪能してほしい。点てて飲むことだけにこだわらず、もっと身近に、もっと自由に、もっと美味しく楽しむお手伝いがしたい。そのような想いからこの本は生まれました。

そのためこのレシピ集では、抹茶本来の色や香り、味わいを失うことなく、「抹茶の美味さ」を堪能できるよう心がけました。加えて、普段はお菓子作りをしない人でも、混ぜるだけ・かけるだけで「おうちでかんたん」にできるものはなにか。おのずと抹茶をあれこれ調理せず、できるだけシンプルにそのまま口に運べる「ごちそう抹茶ドリンク」という発想に繋がりました。

世界で愛される抹茶にふさわしい、あらゆる国のメニューや食材、フレーバーとの組み合わせにチャレンジしよう！と、私自身もこのレシピづくりを楽しみました。その発想の根底には、当社の抹茶をご愛好いただくホテルや旅館、レストランや料亭、カフェやパティスリー、調理師・製菓学校など、飲食に関わる業界のプロの方々との交流があります。また、そのご縁をつなげていただいた、当社商品の販売店の皆様のお力添えがあってこそ、この本を完成させることができました。この場を借りて、厚く御礼申し上げます。

最後に、この本の制作と編集をしていただいた淡交社編集局の川添真さん、渡邊真由さん、撮影をしていただいたカメラマンの二村海さん、デザインをしていただいたマルサンカクの菅谷真理子さん、高橋朱里さん、またこの出版を陰で支えてくれた山政小山園の皆さん、そして山政小山園に感謝です。

山政小山園　小山雅由

［監修］小山 雅由（こやま まさよし）

1980年、京都府宇治市生まれ。株式会社山政小山園取締役。製茶問屋である山政小山園の経営に携わる父と華道家元の母方家系に生まれる。大学院卒業後、営業やマーケティングプランナーを経験し、ブランドコンサルティング会社に転職。その後、家業を継いで以降はマーケティングの責任者として、ブランドデザインや商品企画、プロモーションを手がける。「美味さ、ありき。」を信条に、賞味品質の高い日本茶、特に抹茶の楽しみ方をさまざまな国や世代に伝えるための活動を続けている。また、一級建築士の資格を持ち、文化・芸術への関心も強い。2019年から辻製菓専門学校非常勤講師（写真は同校授業風景より）。

京都・宇治 山政小山園
おうちでかんたん ごちそう抹茶ドリンク

2021年4月14日 初版発行
2022年8月2日 2版発行

著 者　山政小山園
発行者　伊住公一朗
発行所　株式会社 淡交社

　　　　本社　〒603-8588 京都市北区堀川通鞍馬口上ル
　　　　営業　075-432-5156　編集　075-432-5161
　　　　支社　〒162-0061 東京都新宿区市谷柳町39-1
　　　　営業　03-5269-7941　編集　03-5269-1691
　　　　www.tankosha.co.jp

印刷・製本　図書印刷株式会社

撮影
二村海（二村写真事務所）

デザイン
菅谷真理子、高橋朱里（マルサンカク）

撮影協力
nest.
滋賀県大津市比叡平2-15-1
077-576-5034